Impressum
Verlag: BABADADA GmbH, Nedderfeld 112 , 22529 Hamburg
Geschäftsführer / Verlagsleitung: Harald Hof
Druck: Books on Demand GmbH, In de Tarpen 42, 22848 Norderstedt

Imprint
Publisher: BABADADA GmbH, Nedderfeld 112 , 22529 Hamburg, Germany
Managing Director / Publishing direction: Harald Hof
Print: Books on Demand GmbH, In de Tarpen 42, 22848 Norderstedt, Germany

ቤት-ትምህርቲ

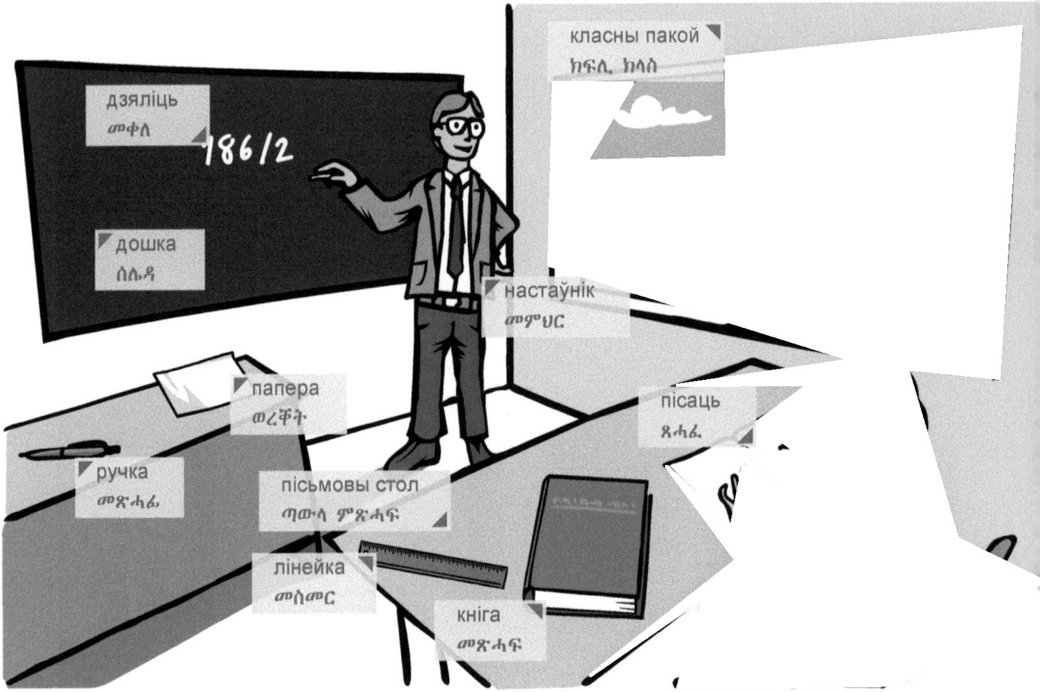
класны пакой
ክፍሊ ክላስ
дзяліць
መቀለ
186/2
дошка
ሰሌዳ
настаўнік
መምህር
папера
ወረቐት
пісаць
ጸሓፈ
ручка
መጽሓፊ
пісьмовы стол
ጣውላ ምጽሓፍ
лінейка
መስመር
кніга
መጽሓፍ

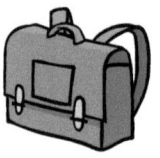

ранец

ሳንጣ ትምህርቲ

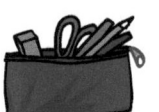

пенал

ሰፌር ብርዒ

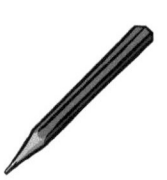

просты аловак

ርሳስ

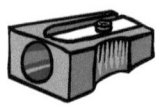

тачылка для алоўкаў

መብልሒ ርሳስ

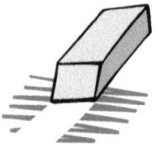

гумка

መደምሰሲ

альбом для малявання

ጥራዝ ስእሊ

малюнак

ስእሊ

пэндзлік

ብሩሽ ቀለም

фарбы

ቦክስ ቀለም

нажніцы

መቐስ

клей

መጣበቒ

сшытак

ጥራዝ መላመዲ

хатняе заданне

ዕዮ ገዛ

12

лік

ቁጽሪ

2+2

дадаваць

ወሰኽ

5-2

адымаць

ጎደለ

2×2

множыць

ራብሓ

лічыць

ደመረ

A

літара

ፊደል

ABCDEFG HIJKLMN OPQRSTU VWXYZ

алфавіт

ስርዓት ፈደላት

hello

слова

ቃል

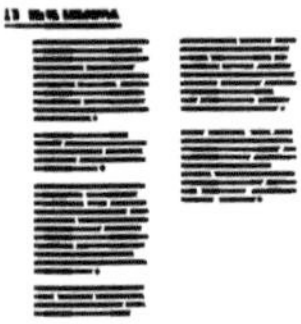

тэкст

ጽሑፍ

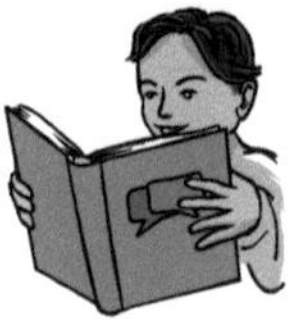

чытаць

ኣንበበ

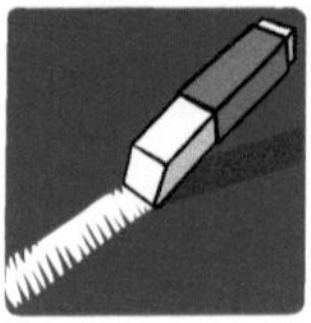

крэйда

ኩርሽ

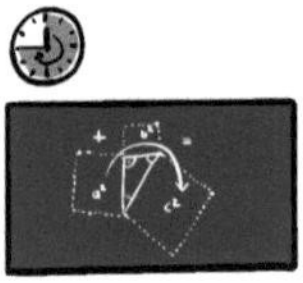

ўрок

ሰዓት

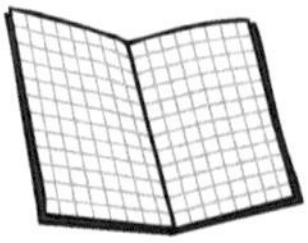

класны журнал

መዝገብ ክላስ

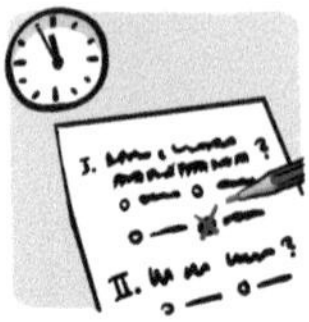

экзамен

መርመራ

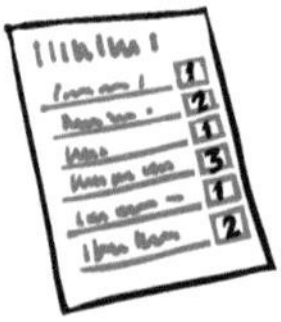

атэстат

ሰርቲፊኬት

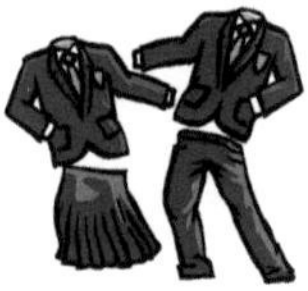

школьная форма

ድቢዛ ቤትትምህርቲ

адукацыя

ትምህርቲ

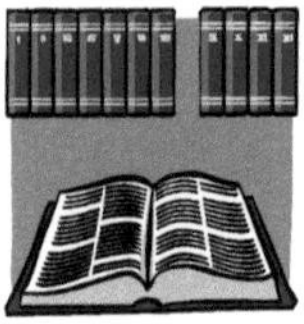

энцыклапедыя

ለክሲኮን

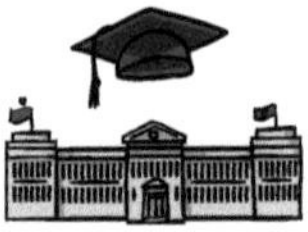

універсітэт

ዩኒቨርሲቲ

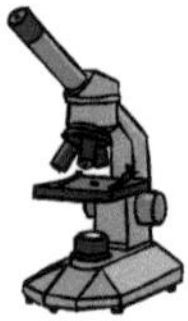

мікраскоп

ሚክሮስኮፕ

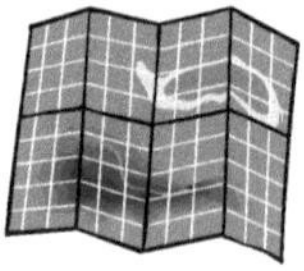

карта

ካርታ

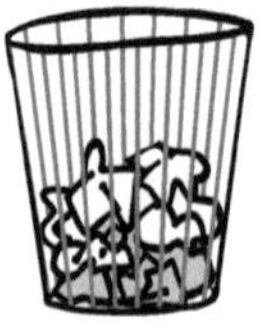

смеццевы кошык

ጎሓፍ ወረቐት

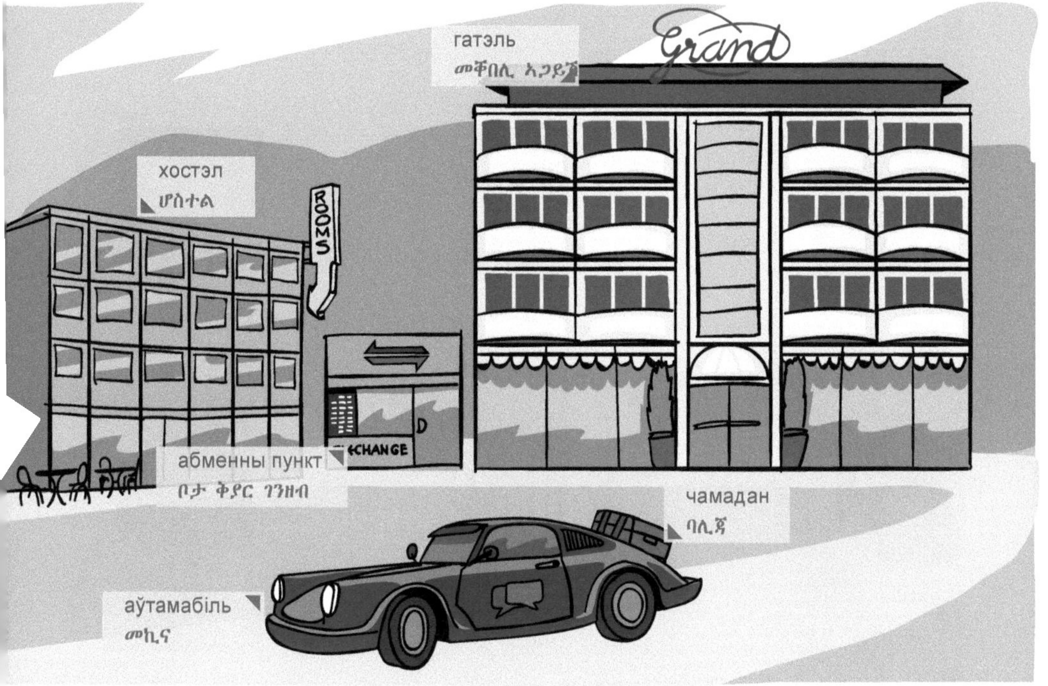

гатэль
መቸበሊ አጋዪኝ

хостэл
ሆስተል

ROOMS

абменны пункт
ቦታ ቅያር ገንዘብ

чамадан
ባሊጃ

аўтамабіль
መኪና

мова

ቋንቋ

так / не

እወ / ኖ

добра

ሕራይ

прывітанне!

ሰላም

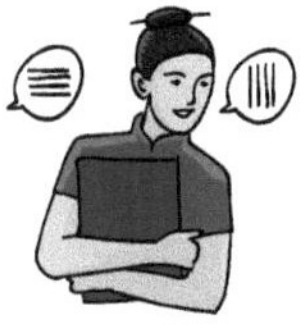

перекладчык

አስተርጓሚ

дзякуй

የቘንየለይ

Колькі каштуе....?

. . . ክንደይ ዋግኡ?

я не разумею

አይተረድኣኹን

праблема

ሽግር

Добры вечар!

ሰላም ምሽት!

Добрай раніцы!

ከመይ ሓዲርካ

Дабранач!

ሰላም ለይቲ

да пабачэння

ደሓን ኩን

кірунак

አንፈት

багаж

ጉዓዝ

сумка

ሳንጣ

заплечнік

ሳንጣ ሕቖ

госць

ጋሻ

пакой

ክፍሊ

спальны мяшок

ክሻ መደቐሲ.

палатка

ቴንዳ

інфармацыя для турыстаў

ሓበሬታ በጻሕቲ ሃገር

пляж

ገምገም ባሕሪ

крэдытная картка

ክሬዲት ካርድ

снеданне

ቁርሲ

абед

ምሳሕ

вячэра

ድራር

праязны білет

ቲከት

ліфт

ሊፍት

паштовая марка

ማሕተም ደብዳበ

мяжа

ዶብ

мытня

ድንና

пасольства

ኣምበሲ

віза

ቪዛ

пашпарт

ፓስፖርት

самалёт
ነፋሪት

карабель
መርከብ

пажарная машына
መኪና መጥፍኢ ሓዊ

грузавік
ናይ ጽዕነት መኪና

аўтобус
አውቶቡስ

маторная лодка
ጃልባ ሞቶር

ровар
ብሽግለታ

аўтамабіль
መኪና

паром

ፈሪ

лодка

ጃልባ

матацыкл

ሞቶ

паліцэйская машына

መኪና ፖሊስ

гоначны аўтамабіль

መኪና ቅድድም

арэндаваны аўтамабіль

ክራይ መኪና

сумеснае карыстанне
аўтамабілем
....
ምውፋይ መካይን

эвакуатар
....
መወሰዲ መኪና

смеццявоз
....
መኪና ጎሐፍ

матор
....
ሞቶር

паліва
....
ነዳዲ

запраўка
....
እንዳ ነዳዲ

дарожны знак
....
ምልከት ትራፊክ

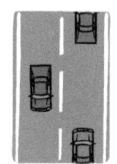

дарожны рух
....
ትራፊክ

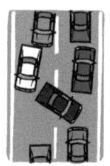

затор
....
ምጭቅጫቕ ትራፊክ

паркоўка
....
መዐሸጊ መኪና

чыгуначная станцыя
....
መዕረፊ ባቡር

рэйкі
....
ሓዲግ

цягнік
....
ባቡር

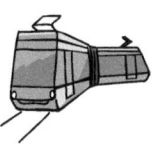

трамвай
....
ትረም

вагон
....
ባጎኒ

верталёт

ሄሊኮፕተር

аэрапорт

መዓረፍ ነፈርቲ

вежа

ታወር

пасажыр

ተጓዢ

кантэйнер

ኮንተይነር

кардонная скрыня

ሳንዱቅ ካርተን

тачка

ኮርሳ ጽዕነት

карзіна

ዘንቢል

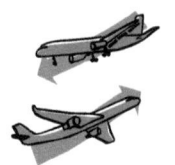

ўзляцаць / прызямляцца

ተበገሰ / ዓለበ

ከተማ

вёска

ቀኣሸት

цэнтр горада

ማእከል ከተማ

дом

ገዛ

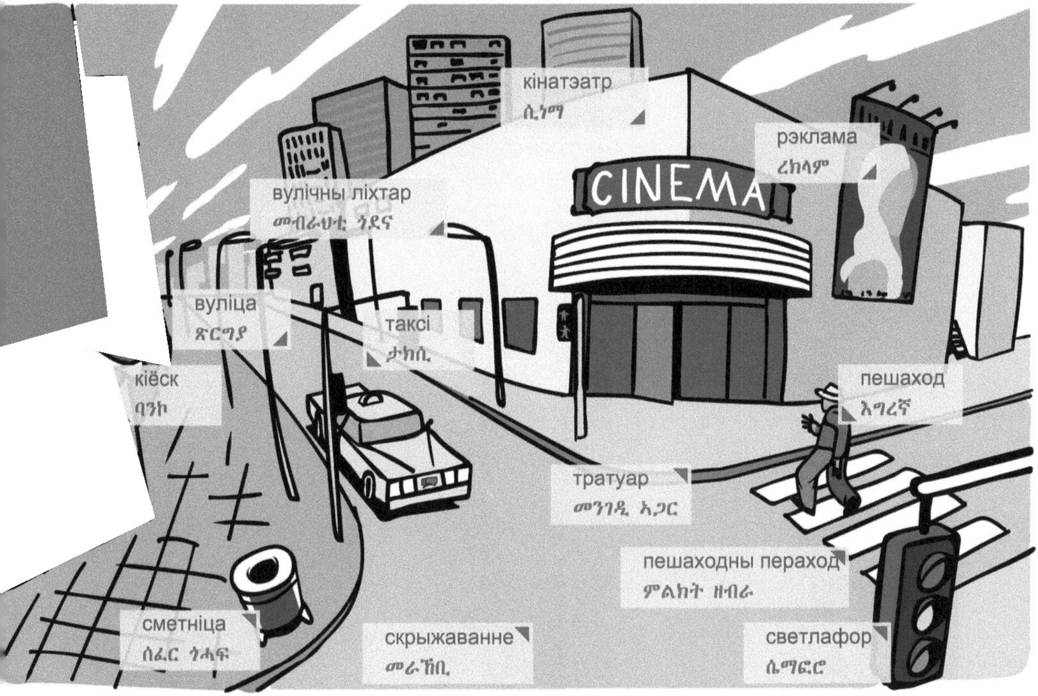

кінатэатр
ሲነማ

рэклама
ረክላም

вулічны ліхтар
መብራህቲ ጎደና

вуліца
ጽርግያ

таксі
ታክሲ

пешаход
እግረኛ

кіёск
ባንኮ

тратуар
መንገዲ አጋር

пешаходны пераход
ምልክት ዘብራ

сметніца
ሰፈር ጎሓፍ

скрыжаванне
መራኸቢ

светлафор
ሴማፎር

халупа

አጕዶ

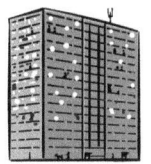

кватэра

አፓርትመንት

чыгуначная станцыя

መዕረፊ ባቡር

ратуша

ቤት ምምሕዳር

музей

ቤተ መዘከር

школа

ቤት-ትምህርቲ

універсітэт

ዩኒቨርሲቲ

банк

ባንክ

шпіталь

ሆስፒታል

гатэль

መቐበሊ አጋይሽ

аптэка

ቤት መድሃኒት

офіс

ቤት ጽሕፈት

кнігарня

ዱኳን መጽሓፍቲ

крама

ዱኳን

кветкавая крама

ዱኳን ዕንባባ

супермаркет

ሱፐርማርከት

кірмаш

ዕዳጋ

універмаг

ሹቅ

рыбная крама

ነጋዳይ ዓሳ

гандлевы цэнтр

ሹቅ

порт

መርሳ

парк

መዘናግዒ

лава

ባንኪ

мост

ድልድል

лесвіца

መደያይቦ

метро

ባቡር ትሕቲ ምድሪ

тунэль

ቢንቶ

прыпынак

መዕረፊ ኣውቶቡስ

бар

ቤት መስተ

рэстаран

ቤት-መግቢ

паштовая скрыня

ሳታሪት

вулічны паказальнік

ታቤላ

паркамат

ሰዓት ፓርኪንግ

заапарк

መካነ እንስሳታት

басейн

መሐምበሲ

мячэць

መስጊድ

сядзіба

ቤት ሕርሻ

забруджванне
навакольнага асяроддзя

ብከላ

могілкі

መቃብር

царква

ቤተክርስትያን

пляцоўка для гульні

ቦታ ምጽዋት

храм

ቤት መቅደስ

ስእሊ መሬት

ліст
ኣቝጽልቲ

паказальнік
መሕበሪ መገዲ

дарога
መገዲ

луг
ሜዳ

камень
እምኒ

дрэва
ኣግራብ

падарожнік
ኮበላሊ

рака
ፈለግ

трава
ሳዕሪ

кветка
ዕንባባ

даліна

ስንጥር

гара

ጎቦ

возера

ቀላይ

лес

ዱር

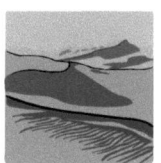

пустыня

ምድረ በዳ

вулкан

እሳተ-ጎመራ

замак

ግምቢ

вясёлка

ቀስተ-ደመና

грыб

ቃንጥሻ

пальма

ዖርኮብኮባይ

камар

ጣንጡ

муха

ህመማ

мурашка

ጻጻ

пчала

ንህቢ

павук

ሳሬት

жук

ሕንዚዝ

жаба

ዕንቍርዓብ

вавёрка

ም፞ጽጹላይ

вожык

ቅንፍዝ

заяц

ማንቲለ

сава

ጉንጓ

птушка

ጭሩ

лебедзь

ስዋን

дзік

መፍለስ

алень

ዓጋዘን

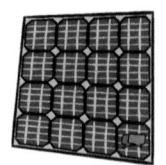

лось

ሙስ

плаціна

ግድብ

вятрак

ተርባይን ንፋስ

сонечная батарэя

ሶላር ስርሓት

клімат

ኩነታት ኣየር

афіцыянт
አስላፊ

меню
ካርታ
መግብታት

крэсла
መንበር

суп
መረቅ

піца
ፒትሳ

сталовыя прыборы
መመታተሪ

абрус
ከዳን ጣውላ

закуска
ቅድመ ቀንዲ መግቢ

другая страва
ቀንዲ መኣዲ

дэсерт
ድሕሪ መግቢ

напоі
መስተ

ежа
መግቢ

бутэлька
ጥርሙዝ

хуткае харчаванне (фаст-фуд)

ስሉጥ መግቢ

стрыт-фуд

መግቢ ጽርግያ

імбрык (чайнік)

ብርጭቆ ሻሂ

цукарніца

ታኒካ ሽኮር

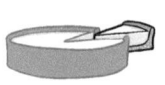

порцыя

ክፋል

эспрэса-машына

ማሺን ኤስፕሪሶ

дзіцячае крэселка

ነዋሕ መንበር

рахунак

ጸብጻብ

паднос

ታብለት

нож

ካራ

відэлец

ፋርከታ

лыжка

ማንካ

чайная лыжка

ማንካ ሻሂ

сурвэтка

ሰርቫየተ

шклянка

ብኬሪ

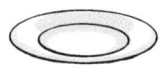

талерка

ሸሓኒ

супавая талерка

ሸሓኒ መረቕ

сподак

ትሕቲ ኩባያ

соус

ጸብሒ

сальніца

ወሃቢ ጨው

млынок для перцу

መጥሓን በርበረ

воцат

ኣቾቶ

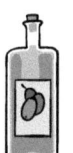

алей

ዘይቲ

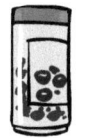

спецыі

ቀመም

кетчуп

ከቻፕ

гарчыца

ኣድሪ

маянэз

ማዮኔዝ

акцыя
ወረያ

пакупнік
ዓሚል

малочныя прадукты
ፍርያታት ጸባ

садавіна
ፍረታት

вазок
ሰረገላ ዱኳን

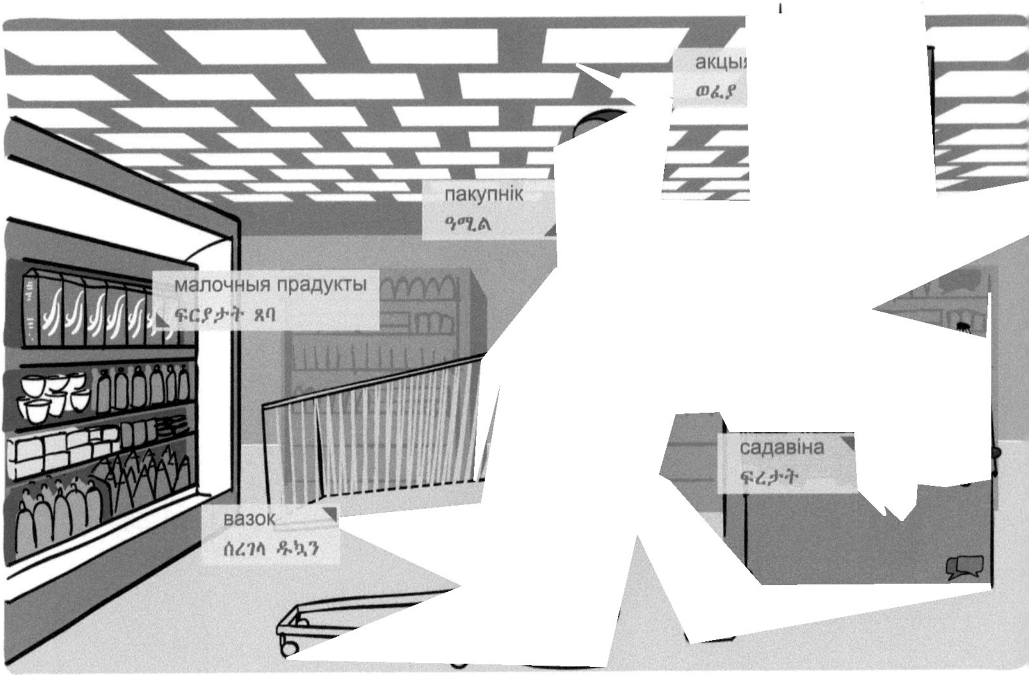

мясная крама

እንዳ ስጋ

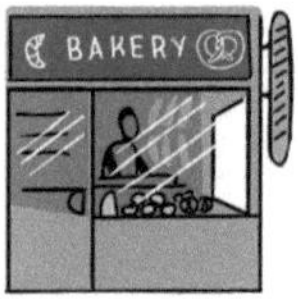

хлебны магазін

እንዳ ባኒ

важыць

ክብደት

гародніна

ኣሕምልቲ

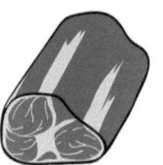

мяса

ስጋ

свежазамарожаныя
прадукты
መግቢ ፍሪጅ በረድ

нарэзка

ዝሕል ቅሩብ መግቢ.

кансервы

እስታሳ

пральны парашок

አሞ

прысмакі

ምቁር መግቢ.

хатнія прылады

ዘቤታውያን አቅሑ

чысцячы сродак

ናውቲ መጸረዩ.

прадавец

ሸቃጣይ

каса

ካሳ

касір

ተሓዝ ገንዘብ

спіс пакупак

ዝርዝር ምግዛእ

гадзіны працы

ከፉት ሰዓታት

бумажнік

ማሕፋዳ

крэдытная картка

ክረዲት ካርድ

сумка

ሳንጣ

пакет

ፌስታል

вада

ማይ

сок

ጅማቆሩ

малако

ጸባ

кола

ኮላ

віно

ነቢት

піва

ቢራ

алкаголь

ኣልኮል

какава

ካካው

гарбата (чай)

ሻሂ

кава

ቡን

эспрэса

ኤስፕረሶ

капучына

ካፑቺኖ

банан

ባናና

яблык

ተፋሕ

апельсін

አራንሺ.

дыня

ብርጭቆ

лімон

ለሚን

морква

ካሮት

часнок

ጸዕዳ ሽጉርቲ

бамбук

ባምቡስ

цыбуля

ሽጉርቲ

грыб

ቅንጥሻ

арэхі

ፉል

локшына

ፓስታ

спагеці

ስፓጌቲ

рыс

ሩዝ

салата

ሰላጣ

бульба фры

ቅልዋ ድንኝ

смажаная бульба

ቅሉው ድንኝ

піца

ፒትሳ

гамбургер

ሃምቡርገር

бутэрброд

ፓኒኖ

шніцаль

ቢስተካ

вяндліна

ሰለፎ ሓሰማ

салямі

ሳላሚ

каўбаса

ግዕዝም

курыца

ዶርሆ

смажаніна

ቀለወ

рыбак

ዓሳ

аўсяныя камякі

ገዓት

мюслі

ሙስሊ

кукурузныя шматкі

ኮርንፍለይክስ

мука

ሐርጭ

круасан

ክሮሰን

булачка

ባኒ

хлеб

ባኒ

тост

ቶስት

пячэнне

ብሽኩቲ

масла

ጠስሚ

тварог

ርጎኦ

пірог

ፓስተ

яйка

እንቁቄሓ

яечня

ቅሉው እንቁቄሓ

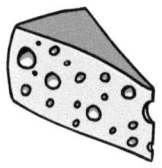

сыр

ፋርማጆ

марожанае

አይስ ክሪም

цукар

ሽኮር

мёд

መዓር

варэнне

ጃም

нуга

ኑጋት-ክሬም

кары

ኩሪ

хата
ቤት ሕርሻ

хлеў
መኽዘን

цюк саломы
ሓሰር ቦንዳ

поле
ግራት

конь
ፈረስ

прычэп
ተስሓቢ

трактар
ትራክተር

жарабя
ዒሱ

асёл
አድጊ

ягня
ዕየት

авечка
በጊዕ

каза
ጤል

карова
ብዕራይ

цяля
ምራኽ

свіння
ሓሰማ

парася
ውላድ ሓሰማ

бык
ኦርሒ

гусак

ዓሳ

качка

ማይ ደርሆ

кураня

ጫቁሊት

курыца

ደርሆ

певень

ኣርሓ ደርሆ

пацук

ኣንጨዋ ዓባይ

кот

ድሙ

мыш

ኣንጭዋ

вол

ብዕራይ

сабака

ከልቢ

сабачая будка

ኣጉዶ ከልቢ

садовы шланг

ቶባ ጀርዴን

палівачка

መዝፈፊ ማይ

каса

ዓቢ ማዕጺድ

плуг

ማሕረሻ

серп

ማዕጺድ

матыка

ጥኲር

вілы для гною

መስአ

сякера

ፋስ

тачка

ዓረብያ ኢድ

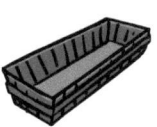

карыта

ጋብላ

бітон для малака

ብርጭቆ ጸባ

мех

ከሻ

плот

ሓጹር

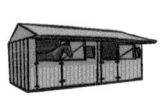

хлеў

መንሰስ

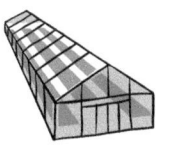

цяпліца

ቾጠልያ ገዛ

глеба

ባይታ

насенне

ዘርኢ

угнаенне

ድኹዒ

камбайн

ዘጣምር ቀውዒይ

збіраць ураджай

ቀውስ

ураджай

ጸጋ

ямс

ድንሽ ያም

пшаніца

ስርናይ

соя

ሶያ

бульба

ድንሽ

кукуруза

ዕፉን

рапс

ራፕስ

садовае дрэва

ገረብ ፍረታት

маніёк

ማኒኦክ

збожжа

አእኻል

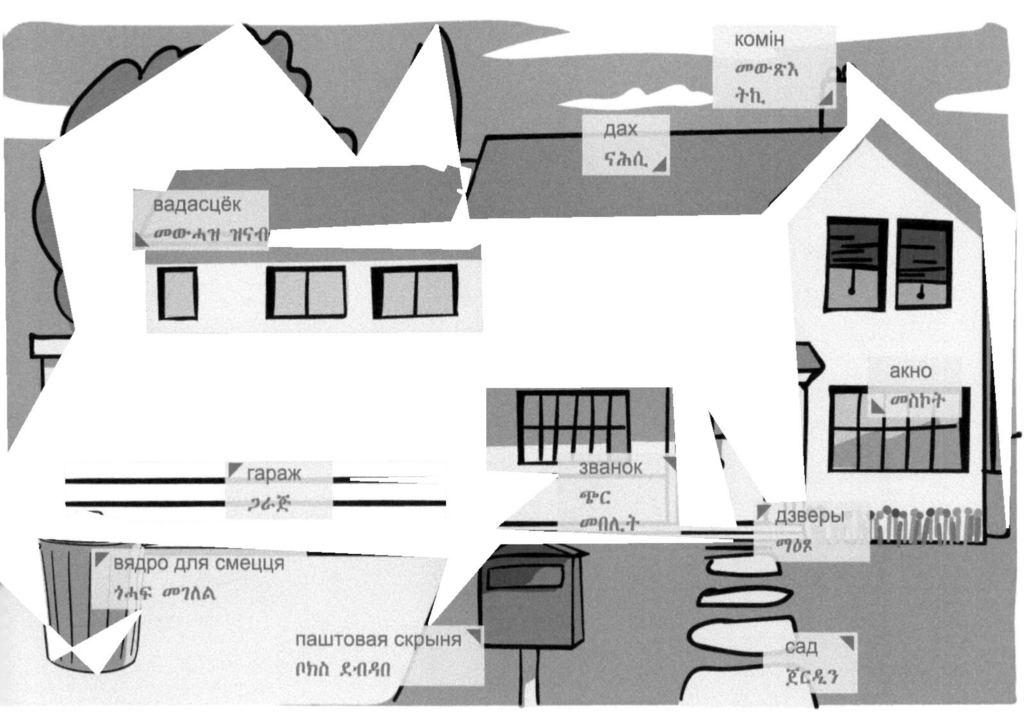

комін
መውፅእ ትኪ

дах
ናሕሲ

вадасцёк
መውሓዝ ዝናብ

акно
መስኮት

гараж
ጋራጅ

званок
ጭር መበሊት

дзверы
ማዕፆ

вядро для смецця
ጎሓፍ መገለሊ

паштовая скрыня
ቦክስ ደብዳቤ

сад
ጀርዲን

жылы пакой
ክፍሊ ምችማጥ

ванная
ክፍሊ ባንዮ

кухня
ክሽን

спальны пакой
ክፍሊ መደቀሲ

дзіцячы пакой
ክፍሊ ቆልዑ

сталоўка
መመገቢ ክፍሊ

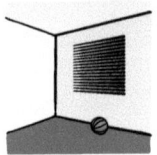

падлога

ባይታ

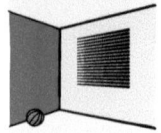

сцяна

መንደቅ

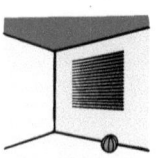

столь

ከበርታ

падвал

ካንቲና

саўна

ሳውና

балкон

ባልኮን

тэраса

ዣላ

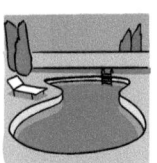

басейн

መሕምበሲ

касілка

መቑረጺ ሳዕሪ

падкоўдранік

ኣንሶላ ዓራት

коўдра

ከበርታ ዓራት

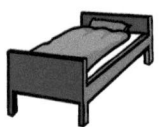

ложак

ዓራት

венік

መኾስተር

вядро

መገለል

выключальнік

መወልዒት

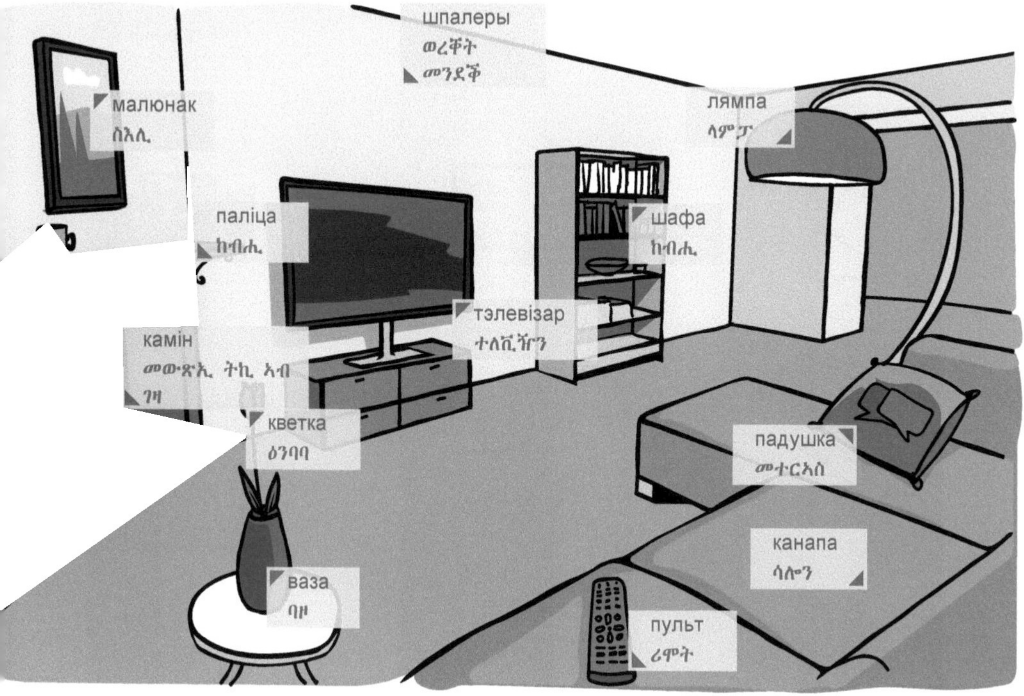
шпалеры
ወረቐት
መንደቕ
малюнак
ስእሊ
лямпа
ላምፓ
паліца
ከብሒ
шафа
ከብሒ
тэлевізар
ተለቪዥን
камін
መውጽኢ ትኪ ኣብ
ገዛ
кветка
ዕንባባ
падушка
መተርኣስ
канапа
ሳሎን
ваза
ባዞ
пульт
ሪሞት

дыван

መንጸፍ

фіранка

መጋረጃ

стол

ጣውላ

крэсла

መንበር

крэсла-качалка

ሰለል ዝብል መንበር

крэсла

መንበር ምቹእ

кніга

መጽሐፍ

коўдра

ከቦርታ

дэкарацыя

ስልማት

дровы

እንጨይቲ ሓዊ

кіно

ፊልም

стэрэасістэма

ስተሪዮ

ключ

መፍትሕ

газета

ጋዜጣ

карціна

ቅብአ

постар

ፖስተር

радыё

ሬድዮ

нататнік

ጥራዝ

пыласос

መልገሲ ደርና

кактус

በለስ

свечка

ሽምዓ

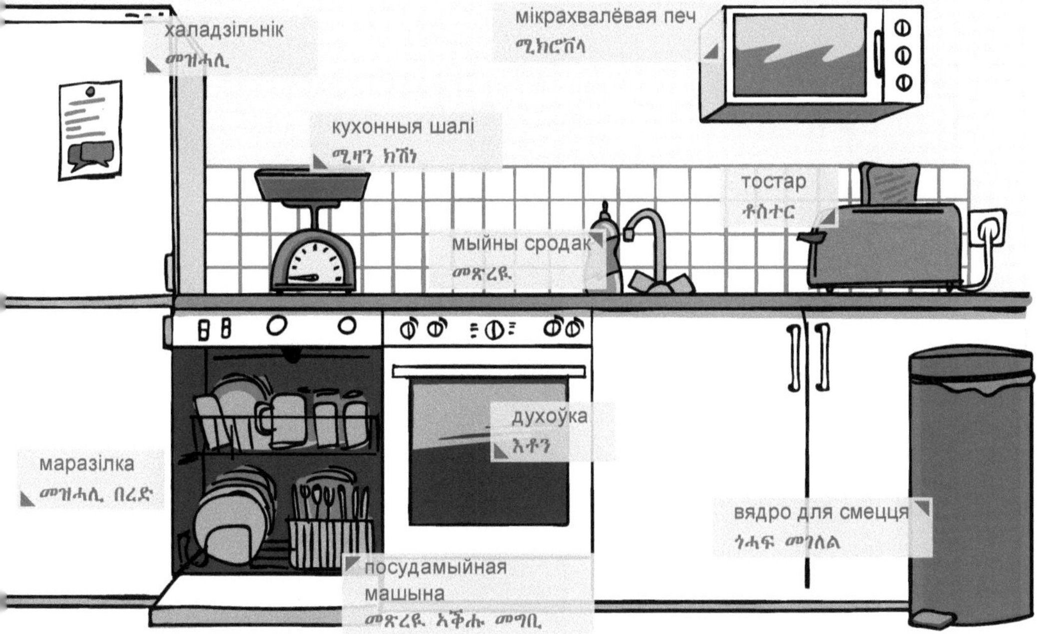

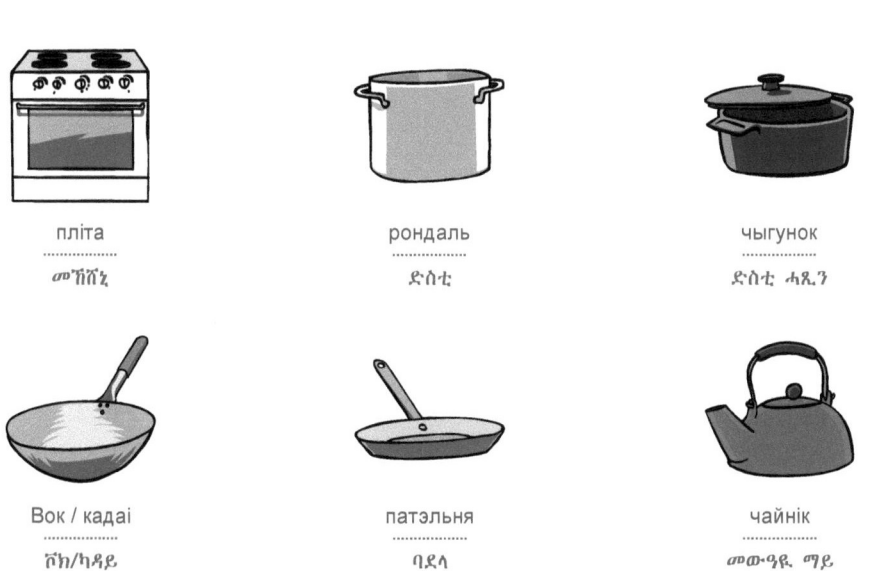

халадзільнік
መዝሓሊ

мікрахвалёвая печ
ሚክሮቨሳ

кухонныя шалі
ሚዛን ክሽን

тостар
ቶስተር

мыйны сродак
መጽረዪ

духоўка
እቶን

маразілка
መዝሓሊ በረድ

вядро для смецця
ጎሓፍ መገለል

посудамыйная
машына
መጽረዪ እቕሑ መግቢ

пліта	рондаль	чыгунок
መኽሽኒ	*ድስቲ*	*ድስቲ ሓጺን*

Вок / кадаі	патэльня	чайнік
ቨክ/ካዳይ	*ባደላ*	*መውዓዪ ማይ*

параварка

መፍልሒ

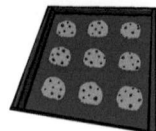

бляха

ጎንቴራ ምስንካት

посуд

አቕሑ መግቢ

кубак

ብርጭቆ

міска

ጭሓሎ

палачкі для ежы

ማንካቺና

чарпак

ማንካ መረቕ

лапатачка

መገልበጢ ባደላ

збівалка

መኹስተር ውርጪ

сіта для варэння

መንፈት መግቢ

сіта

መንፈት

тарка

መፋሕፍሒ

ступка

ሞርታር

грыль

ባርቢክዮ

вогнішча

ስፍራ ሓዊ

дошка

እንጨይቲ ምምታር

качалка

እንጨይቲ ኮረር

штопар

መኽፈት ቡሽ

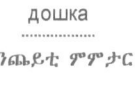

бляшанка

ታኒካ

адкрывалка

መኽፈቲ ታኒካ

прыхваткі

ጨርቂ ድስቲ

ракавіна

ቡምባ

шчотка

ኣስባስላ

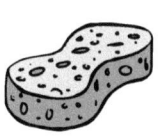

губка

ሰፍነግ

міксер

ሓዋሲ ኣደባላጇ

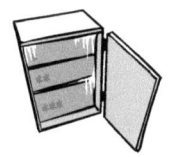

маразільная камера

መዝሓሊ በረድ

бутэлечка

ጥርሙዝ ማማይ

вадаправодны кран

ቡምባ ማይ

ручнiковы сушыцель
መውዓዪ

душ
መሕጸቢ ሻወር

ручнiк
ሽጎማኖ

штора для душа
ሻወር መጋረጃ

пенная ванна
መሕጸቢ ዓፍራ

ванна
ባንዮ መሕጸቢ

шклянка
ብኬሪ

мыйная машына
ሓጻቢት

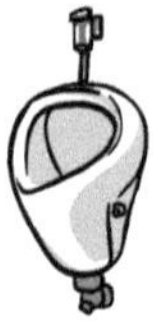

вадаправодны кран
ቡምባ ማይ

плiтка
ማቶነላ

начны гаршчок
ድስቲ

ракавiна
ቡምባ

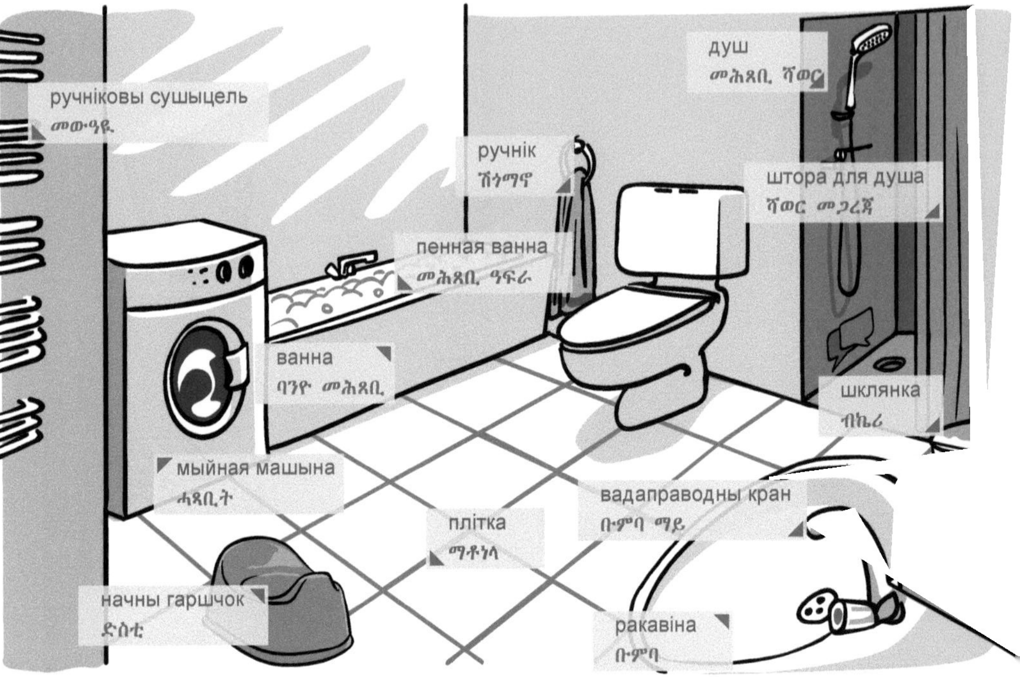

туалет
ሽቓቕ

падлогавы ўнiтаз
ሽቓቕ ኮፍ

бiдэ
በዱ

пiсуар
ሽቓቕ ተባዕታይ

туалетная папера
ወረቐት ሽቓቕ

шчотка для чысткi ўнiтаза
ኣስባስላ ሽቓቕ

зубная шчотка

ኣስባስላ ስኒ

зубная паста

ክሬማ ስኒ

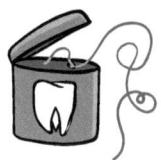

зубная нітка

ሃሪ ስኒ

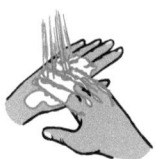

мыць

ሓጸብ

ручны душ

ዱሽ ኢድ

інтымны душ

ዱሽ

умывальнік

ብርጭቆ ምሕጻብ

шчотка для спіны

ኣስባስላ ሕቖ

мыла

ሳምና

гель для душа

ሻወር ጀል

шампунь

ሻምፑ

вяхотка

ጨርቂ መሕጸቢ

вадасцёк

መውሓዚ

крэм

ክሬማ

дэзадарант

ደዮ ጨና

люстэрка

መስትያት

касметычнае люстэрка

ናይ ኢድ መስትያት

станок для галення

መላጸ

пена для галення

ዓፍራ ምልጸይ

ласьён пасля галення

ጨና ድሕሪ ምልጸይ

грэбень

መመሽጥ

шчотка

ኣስባስላ

фен

መንቐጺ ጸጉር

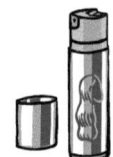

лак для валасоў

ስፐረይ ጸጉር

касметыка

መመላኽዒ

памада

ብርዒ ቀለም ከንፈር

лак для пазногцяў

ኣዝማልቶ

вата

ጸምሪ ጡጥ

манікюрныя нажніцы

መስደዲ ጽፍሪ

духі

ጨና

касметычка

ሳንጣ መሕጸቢ.

табурэтка

ድኳ

вагі

ሚዛን

лазневы халат

ክዳን መሕጸቢ.

санітарныя пальчаткі

ንንቲ መጸረዪ.

тампон

ታምፓን

гігіенічныя пракладкі

ጨርቂ ሰበይቲ

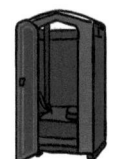

біятуалет

ሽቓቕ ከሚስትሪ

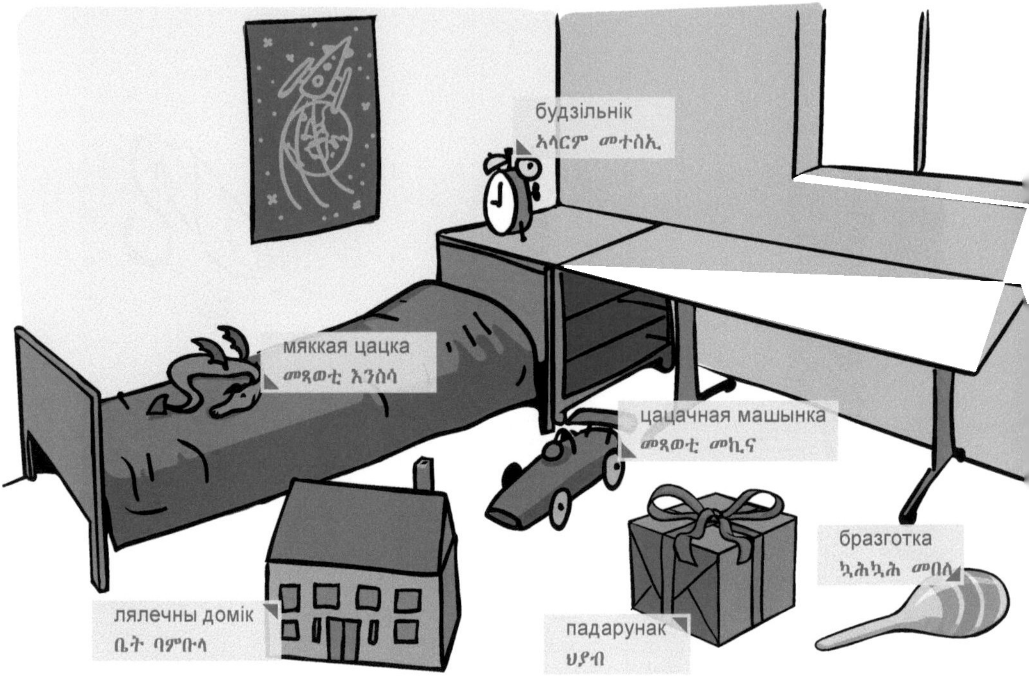
будзільнік
ኣላርም መተስኢ
мяккая цацка
መጻወቲ እንስሳ
цацачная машынка
መጻወቲ መኪና
бразготка
ኳሕኳሕ መበሊ
лялечны домік
ቤት ባምቡላ
падарунак
ህያብ

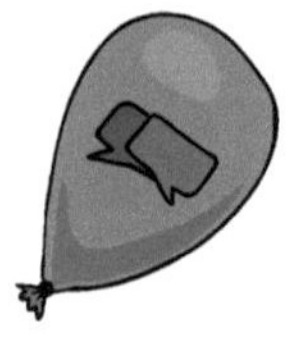

надзіманы шарык

ባላንችና

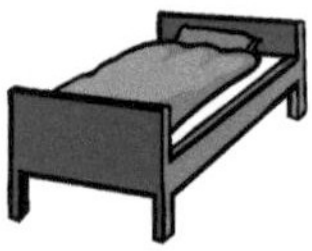

ложак

ዓራት

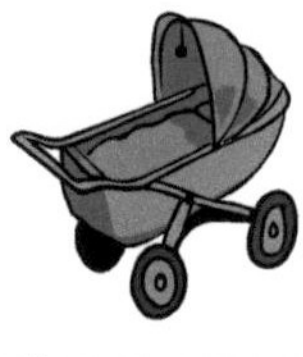

дзіцячая каляска

ሰረገላ ህጻን

калода картаў

ጸወታ ካርታ

пазл

ሕንቅሊተይ

SUPER
MEGA

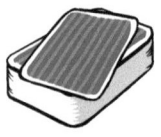

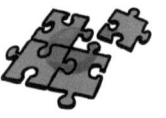

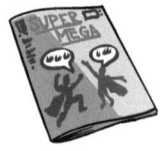

комікс

ኮሜዲ

канструктар "Лега"

እምነታት መጻወቲ ለጎ

канструктар

መጻወቲ እምነታት

экшэн-фігурка

በዓል አከቸን

дзіцячы гарнітур

ክዳን ማማይ

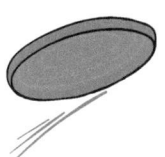

фрызбі

ፍሪስቢ.

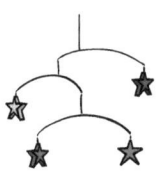

дзіцячы мабіль

ሞባይል ማማይ

настольная гульня

ጸወታ ሰሌዳ

кубік

ኩቦ

дзіцячая чыгунка

ሞደል ባቡር ምድሪ

пустышка

ዓባስ

дзіцячае свята

ፓርቲ

кніга з малюнкамі

መጽሓፍ ስእሊ

мячык

ኩዕሶ

лялька

ባምቡላ

гуляцца

ተጻወተ

пясочніца

መጻወቲ ሑጻ

арэлі

ሰላል

цацкі

መጻወቲታት

гульнявая відэа прыстаўка

ኮንሶል ቪድዮ

трохколавы ровар

መጻወቲ ሰለስተ መንኮርኮር

плюшавы мішка

ተዲ

шафа

ከብሒ ክዳን

шкарпэткі

ካልስታት

панчохі

ነዊሕ ካልስታት

калготкі

ስረ ካልሲ.

шалік
ሻርባ

парасон
ጃላ

 цішотка
ማልያ

рамень
ቀልፊ

боты
ረፋዕ

пантоплі
ጫማ ገዛ

красоўкі
ስኒክስ

сандалі
ሽበጥ

абутак
ጫማ

гумовыя боты
ረፋዕ ጎማ

трусы
ሙታንታ

бюстгальтар
ክዳን ጡብ

майка
ትሕተ ካሚቾ

адзенне - ክዳን

45

бодзі

በዲ

штаны

ሰረ

джынсы

ጂንስ

спадніца

ቀሚሽ

блузка

ካምቻ

кашуля

ካሚቻ

джэмпер

ጉልፍ

талстоўка

ጎልፍ

блэйзер

ጃኬት

куртка

ጃከት

паліто

ጆባ

дажджавік

ከዳን ዝናብ

касцюм

ኮስቱም

сукенка

ቀሚሽ

вясельная сукенка

ቀሚሽ መርዓ

касцюм

ልብሲ

начная сарочка

ካሚቻ ለይቲ

піжама

ክዳን ለይቲ

сары

ሳሪ

хустка

መሃረብ ርእሲ

цюрбан

ቱርባን

паранджа

ቡርካ

каптан

ካፍታን

Абая

አባያ

купальнік

ክዳን መሕምበሲ

плаўкі

ስሪ መሕምበሲ

шорты

ሓጺር ስሪ

спартыўны касцюм

ክዳን ታዕሊም

фартух

በጃ ክዳን

пальчаткі

ጓንቲ

гузік

መልጎም

акуляры

መነጽር

бранзалет

በንናጅር

каралі

ማዕተብ

кальцо

ቀለበት

завушніца

ኩትሻ

кепка

ቆብዕ

вешалка

መንበሪ ጃባ

капялюш

ባርኔጣ

гальштук

ካራሻት

маланка

ሻርኔጣ

шлем

ሀልመት

падцяжкі

መድልደል ስረ

школьная форма

ድቢዛ ቤትትምህርቲ

уніформа

ድቢዛ

нагруднік

ሰደርያ ቆልዓ

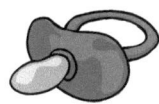

пустышка

ዓባስ

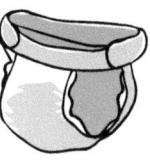

падгузнік

ጨርቂ ማግይ

ቤት ጽሕፈት

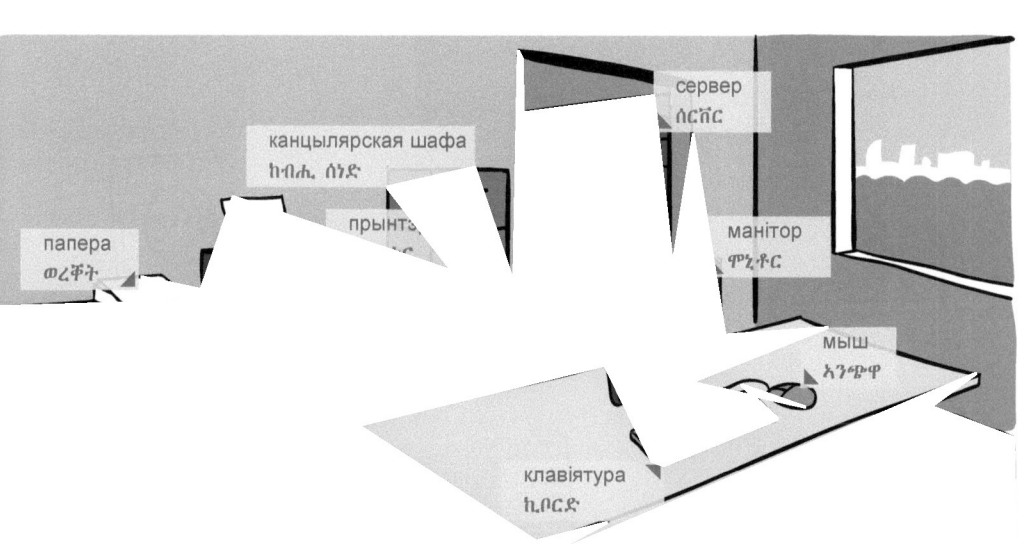

сервер
ሰርቨር

канцылярская шафа
ከብሒ ሰነድ

прынтэ

папера
ወረቓት

манітор
ሞኒቶር

мыш
ኣንጭዋ

клавіятура
ኪቦርድ

кубак для кавы (філіжанка)

ብርጭቆ ቡን

калькулятар

ካልኩለተር

інтэрнэт

ኢንተርነት

ноўтбук

ላፕቶፕ

ліст

ደብዳበ

паведамленне

መልእኽቲ

мабільны тэлефон

ሞባይል

сетка

ነትወርክ/መርበብ

ксеракс

መቅድሒ ፎቶኮፒ

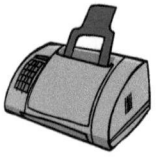

праграмнае забеспячэнне

ሶፍትዌር

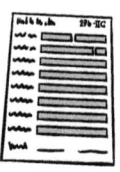

тэлефон

ተለፎን

разетка

ሶከት ኣረንቲ

факс

ፋክስ

фармуляр

ፎርም

дакумент

ሰነድ

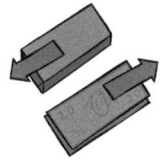

купляць
....
ገዝአ

плаціць
....
ከፈለ

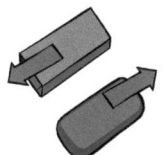

гандляваць
....
ንግዲ

грошы
....
ገንዘብ

USD

долар
....
ዶላር

EUR

еўра
....
አይሮ

JPY

ена
....
የን

RUB

рубель
....
ሩብል

CHF

франк
....
ስዊዝ ፍራንከን

CNY

кітайскі юань
....
ረንሚንቢ. ዮዋን

INR

рупія
....
ሩፒየ

банкамат
....
መውጽኢ ማሺን ገንዘብ

абменны пункт

ቦታ ቅያር ገንዘብ

золата

ወርቂ

срэбра

ብሩር

нафта

ዘይቲ

энергія

ሓይሊ

цана

ዋጋ

кантракт

ውዕል

падатак

ቀረጽ

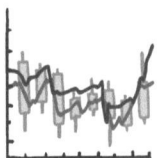

акцыя

እኩብ ጥረ-ነገራት

працаваць

ሰርሐ

служачы

ሰራሕተኛ

працадаўца

ኣስራሒ

фабрыка

ትካል

крама

ዱኳን

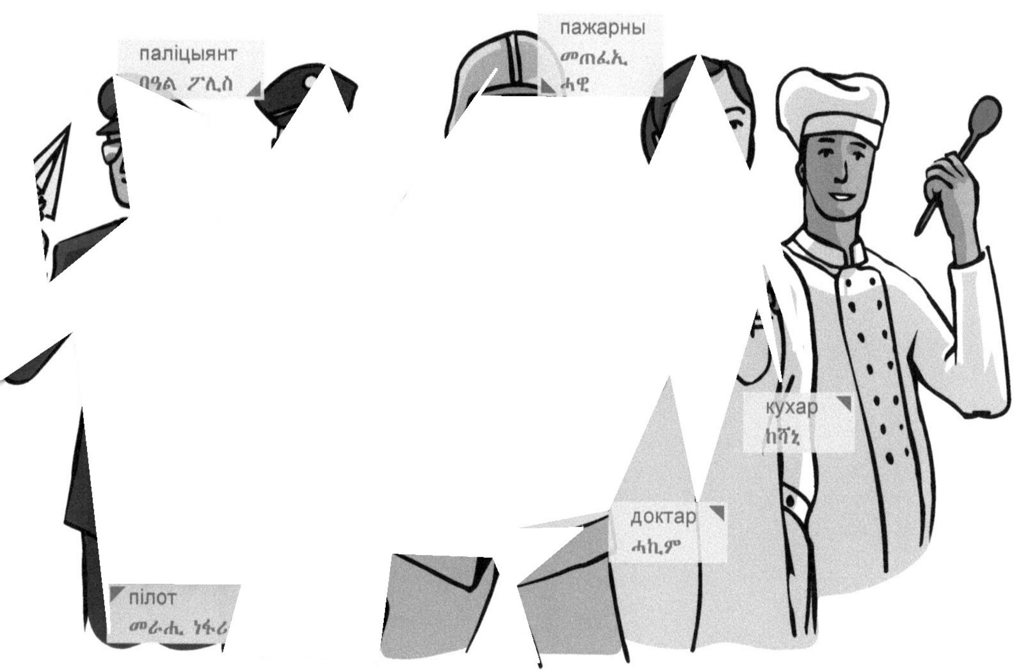

паліцыянт
ዓባይ ፖሊስ

пажарны
መጥፊኢ
ሓዊ

кухар
ከሻኒ

доктар
ሓኪም

пілот
መራሒ ነፋሪ

садоўнік

ሰራሕተኛ ጀርዲን

слесар

ጸራቢ ዕንጸይቲ

швачка

ሰፋይት

суддзя

ፈራዳይ

хімік

ቀማሚ

артыст

ተዋሳኢ

кіроўца аўтобуса

መራሒ አዉቶቡስ

таксіст

አዉቲስታ ታክሲ

рыбак

ገፋሪ ዓሳ

прыбіральшчыца

ጸራጊት

страхар

ሃናጺ ናሕሲ

афіцыянт

አሰላፊ

паляўнічы

ሃዳናይ

мастак

ሰኣላይ

пекар

እንዳ ሕብስቲ

электрык

ኤለትሪከኛ

будаўнік

ሃናጺ አባይቲ

інжынер

ሃንዳሲ

мяснік

ሰራሕተኛ እንዳ ስጋ

сантэхнік

ድራብሊኮ

паштальён

አማላላሲ ፖስጣ

салдат

ወታ*ደር*

архітэктар

መሃንድስ

касір

ተሓዝ ገንዘብ

фларыст

ሰራሕተኛ ዕምባባ

цырульнік

ቀምቃማይ

кандуктар

ፈተሪኖ

механік

መካኒክ

капітан

መራሒ መርከብ

стаматолаг

ሓኪም ስኒ

вучоны

ተመራማሪ

рабін

ራቢ

імам

ኢማም

манах

ፈላሲ

святар

ቀሺ

малаток
ሞደሻ

пласкагубцы
ጉጤት

адвёртка
ዘዋሪ መስኪ

гаечны ключ
መፍትሕ

ліхтарык
ላምፓዲና

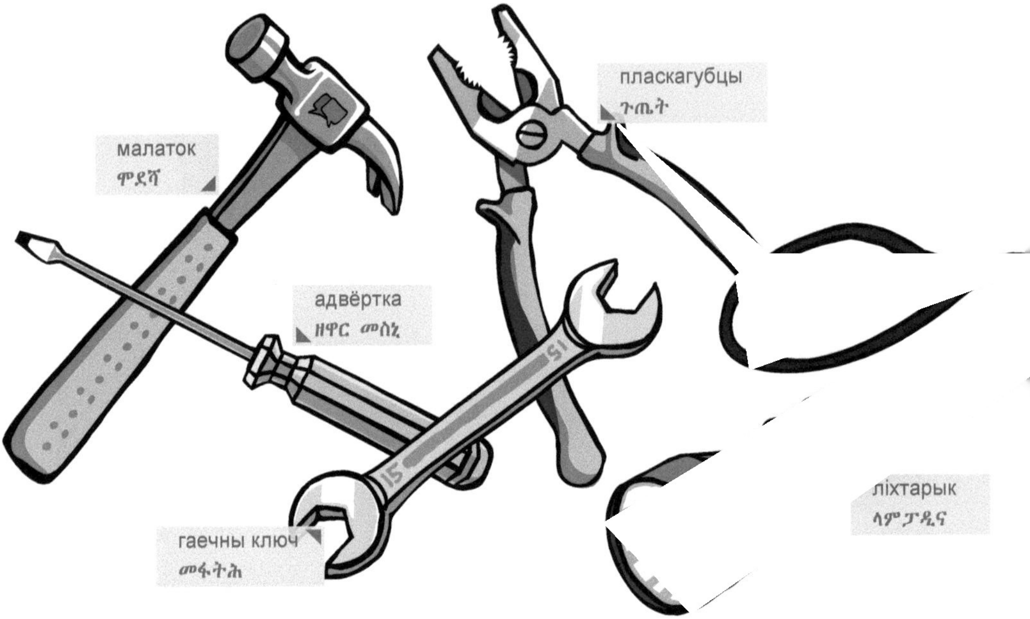

экскаватар
ፈሓሪ

скрыня для інструментаў
ናውቲ ቦክስ

дравіны
መደያይቦ

піла
መጋዝ

цвікі
መስማር

дрыль
ኮዓቲ

рамантаваць

ምዕራይ

рыдлеўка

ባደላ

Халера!

ኣይ!

шуфлік для смецця

መትሓዚ ዶርና

вядро з фарбаю

ድስቲ ቀለም

балты

ካቾቢተ

калонкі
እስፒከር

ударны інструмент
ከበሮታት

кантрабас
ረጓድ ዓባይ
ጊታር

труба
ትሮምፐት

гітара
ጊታር

музычныя інструменты - መሳርሒ ሙዚቃ

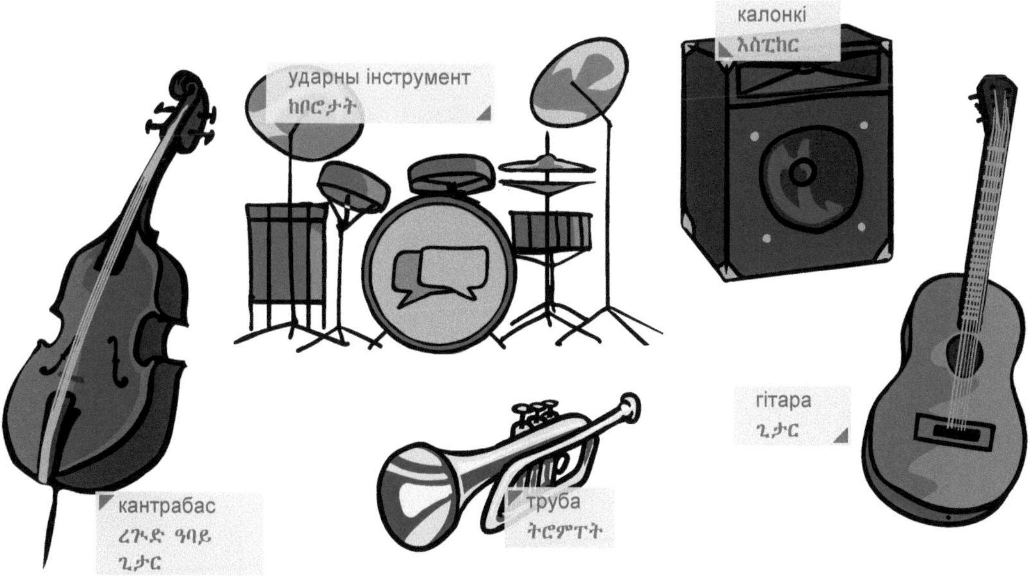

піянína

ፒያኖ

скрыпка

ቫዮሊን

басгітара

ባስ ጊታር

літаўры

ቲምፓኒ

барабан

ከበሮ

клавішны электрамузычны інструмент

ኦርጋን

саксафон

ሳክሶፎን

флейта

ሻምብቆ

мікрафон

ሚክሮፎን

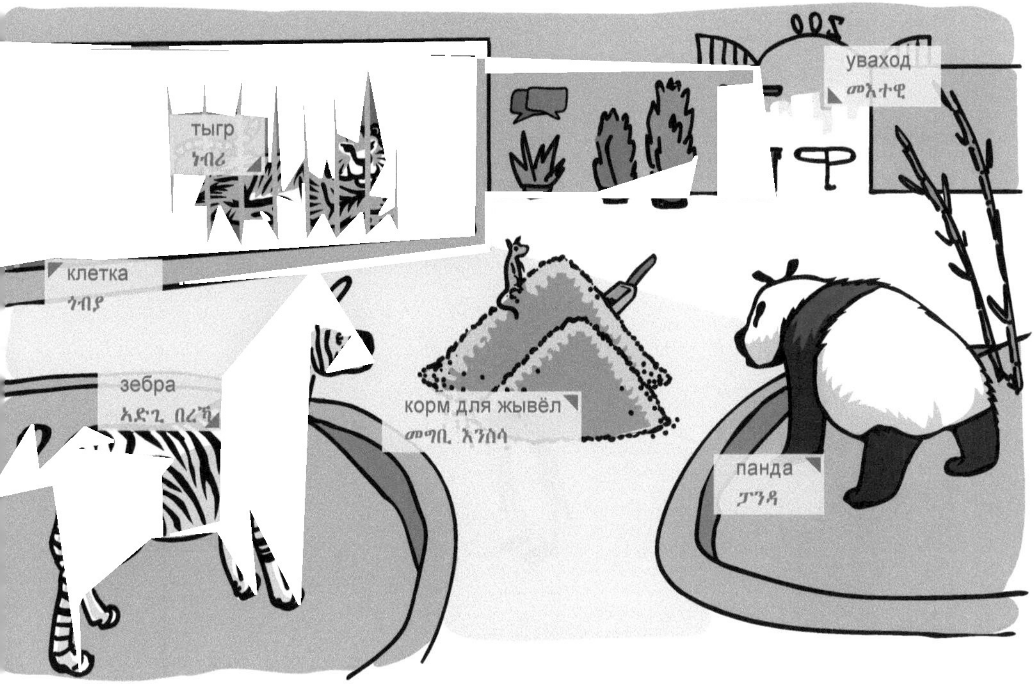

тыгр
ነብር

клетка
ጎጆ ያ

зебра
አድጊ በረኻ

уваход
መእተዊ

корм для жывёл
መግቢ እንስሳ

панда
ፓንዳ

жывёлы

እንስሳታት

слон

ሓርማዝ

кенгуру

ካንጋሩ

насарог

ሓሪሽ

гарыла

ጉሪላ

мядзведзь

ድቢ

вярблюд

ገመል

стравус

ሰገን

леў

አንበሳ

малпа

ህበይ

фламінга

ፍላሚንጎ

папугай

ሕንጸይ

белы мядзведзь

ድቢ. በረድ

пінгвін

ፐንጉን

акула

ከልቢ. ዓሳ

паўлін

ጣውስ

змяя

ተመን

кракадзіл

ሓርገጽ

наглядчык заапарка

ሓላዊ ቤት ገርድሽ

цюлень

ዓሳ ዚምገብ እንስሳ ባሕሪ

ягуар

ጃጓር

поні

ሓጹር ፈረስ

леапард

ነብሪ

бегемот

ጒማሬ

жыраф

ጁራፍ

арол

ሊላ

дзік

መፍለስ

рыбак

ዓሳ

чарапаха

ጎብየ

морж

ዋልሩስ

ліса

ወኻርያ

газель

ሰስሓ

амерыканскі футбол
ናይ ኣሜሪካ ኩዕሶ እግሪ

веласпорт
ምዝዋር ብሽግለታ

тэніс
ተኒስ

баскетбол
ባስኬትባል

плаванне
ምሕምባስ

хакей з шайбай
ሆኪ በረድ

бокс
ቦክሲንግ

футбол

ኩዕሶ እግሪ

бадмінтон

ባድሚንተን

лёгкая атлетыка

እስፖርታዊ ንጥፈታት

гандбол

ኩዕሶ ኢድ

горныя лыжы

ስኪ

пола

ፖሎ

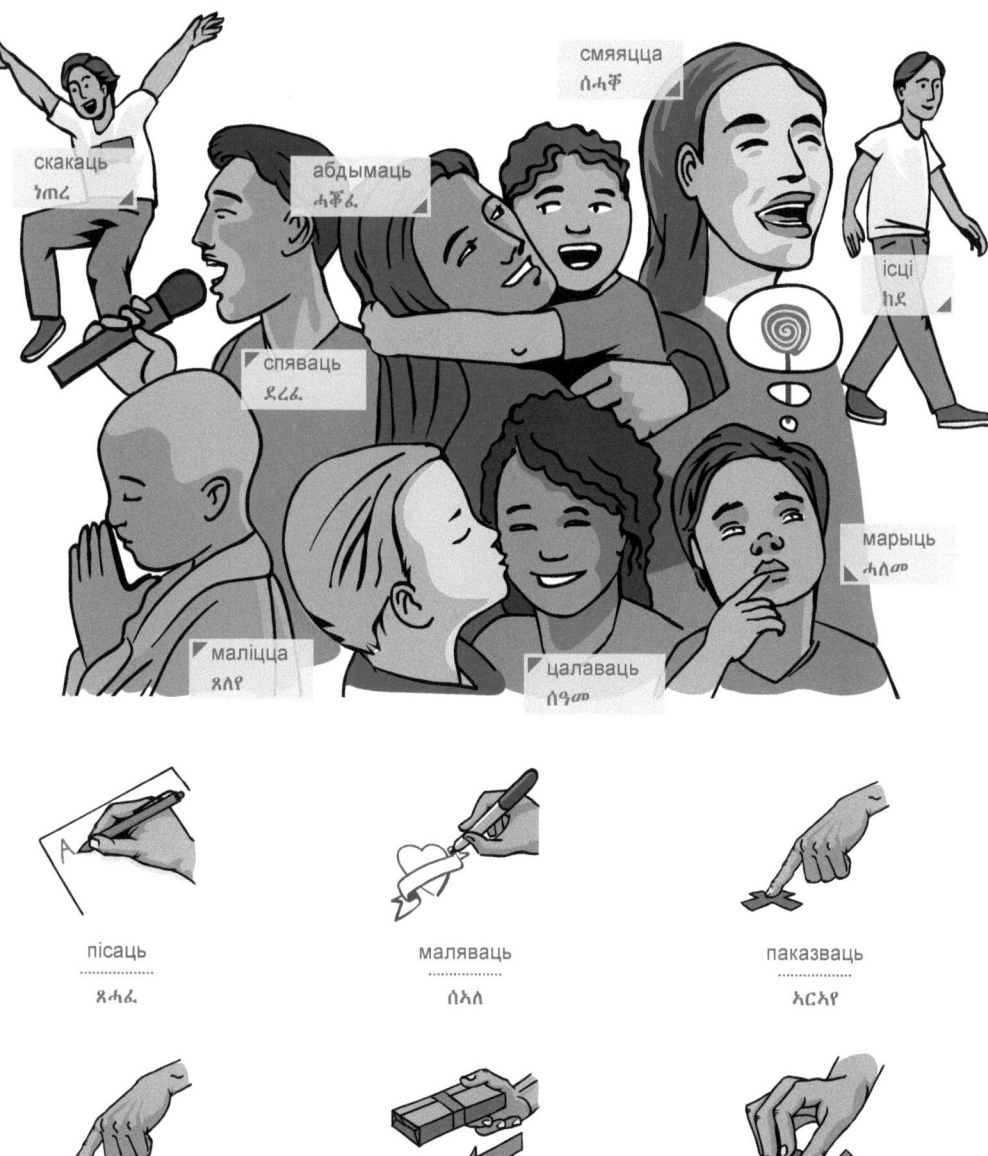

скакаць
ነጠረ

смяяцца
ስሓቐ

абдымаць
ሓቖፈ

спяваць
ደረፈ

ісці
ከደ

марыць
ሓለመ

маліцца
ጸለየ

цалаваць
ሰዓመ

пісаць
ጸሓፈ

маляваць
ሰኣለ

паказваць
ኣርኣየ

націснуць
ደፍአ

даваць
ሃበ

браць
ወሰደ

маць

አለወ

выконваць

ገበረ

быць

ኮነ

стаяць

ጠጠው በለ

бегчы

ጎየየ

цягнуць

ሰሓበ

кідаць

ሰንደወ

падаць

ወደቐ

ляжаць

ሓሰወ

чакаць

ተጸበየ

насіць

ሰከም

сядзець

ኮፍ በለ

апранацца

ተኸድነ

спаць

ደቀሰ

прачынацца

ተሰአ

глядзець

ረአየ

плакаць

በኸየ

лашчыць

ብኦጻብሩ ደረዘ

прычэсвацца

መሾጠ

гаварыць

ተዛረበ

разумець

ተረድኦ

пытаць

ሐተተ

чуць

ሰምዐ

піць

ሰተየ

есці

በልዐ

прыбіраць

ኦቻመጠ

кахаць

ኦፍቀረ

гатаваць

ከሽነ

ехаць

ዘወረ

лятаць

ነፈረ

плаваць пад ветразем

ብመርከብ ገየሽ

лічыць

ደመረ

чытаць

አንበበ

вучыць

ተመሃረ

працаваць

ሰርሐ

уступаць у шлюб

መርዓወ

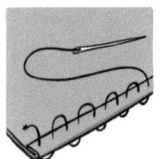

шыць

ሰፈየ

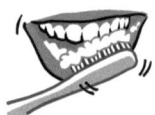

чысціць зубы

ጽሬት አስናን

забіваць

ቀተለ

курыць

ሽጋራ ተከኸ

пасылаць

ሰደደ

бабуля
ዓባየ

дзядуля
አቦሓጎ

бацька
አቦ

маці
አደ

дзіця
ማማይ

дачка
ጓል

сын
ወዲ

госць

ጋሻ

цётка

ሓትኖ

дзядзька

አኮ

брат

ሓው

сястра

ሓፍቲ

ኣካላት

лоб
ግንባር
вока
ዓይኒ
твар
ገጽ
падбародак
መንከስ
палец
ኣጻብዕ
рука
ኢድ
грудзі
ኣፍ-ልቢ
рука
ምናት
плячо
መንኩብ
нага
ሽፋን እግሪ

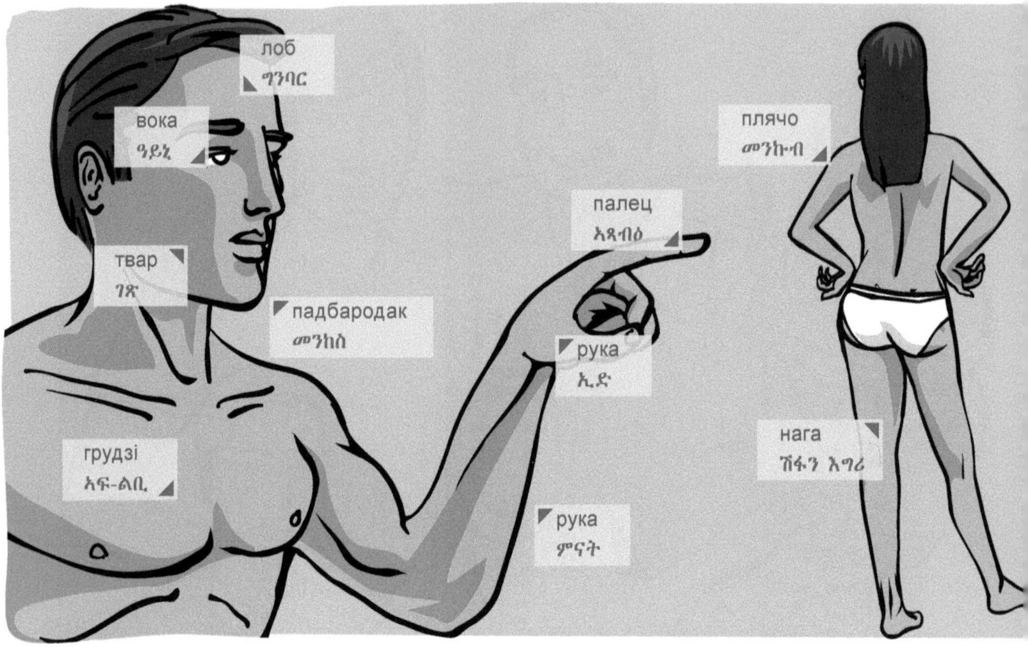

дзіця

ማማይ

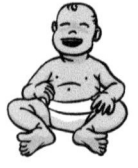

мужчына

ሰብኣይ

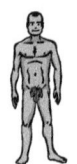

жанчына

ሰበይቲ

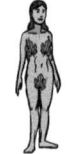

дзяўчынка

ጓል

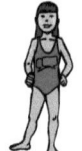

хлопчык

ወዲ

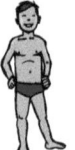

галава

ርእሲ

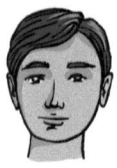

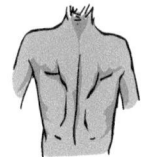

спіна

ሕቖ

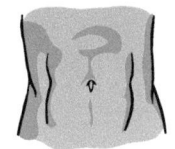

жывот

ከስዐ

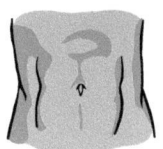

пуп

ሕምብርቲ

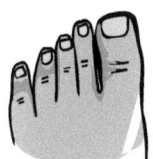

палец нагі

ኣጻብዕ እግሪ

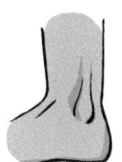

пятка

ኩርኵረ

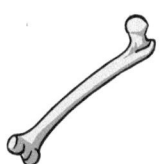

костка

ዓጽሚ

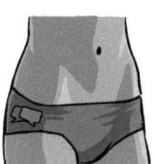

бядро

ም\ሕኮልቲ

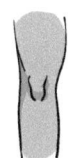

калена

ብርኪ

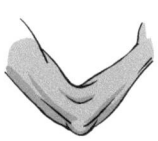

локаць

ፎግፎጎ

нос

ኣፍንጫ

ягадзіца

መዓኮር

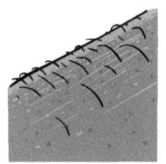

скура

ቆርበት

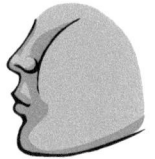

шчака

ምዕጉርቲ

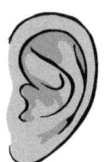

вуха

እዝኒ

губа

ከንፈር

рот

አፍ

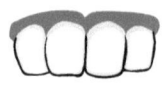

зуб

ስኒ

язык

መልሓስ

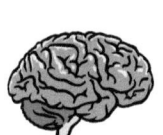

галаўны мозг

ሓንጎል

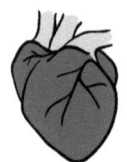

сэрца

ልቢ

мышца

ጭዋዳ

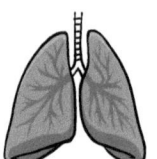

лёгкае

ሳንቡእ

пячонка

ጸላም ከብዲ

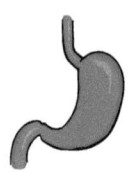

страўнік

ከብዲ

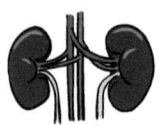

ныркі

ኵሊት

сэкс

ግብረ ስጋ

прэзерватыў

ኮንዶም

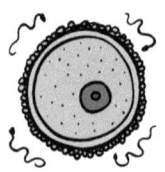

яйцаклетка

እንቋቍሖ

сперма

ዘርኢ ተባዕታይ

цяжарнасць

ጥንሲ

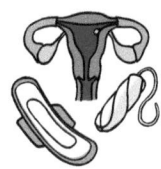

менструацыя

ድግያት

похва

ርሕሚ

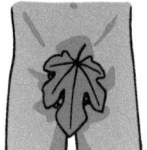

пеніс

መትሎ

брыво

ሽፋሽፍቲ

валасы

ጸግሪ

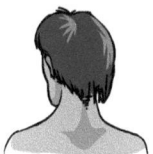

шыя

ክሳድ

шпіталь
ሆስፒታል

машына хуткай дапамогі
መኪና አምቡላንስ

пералом
ስባር

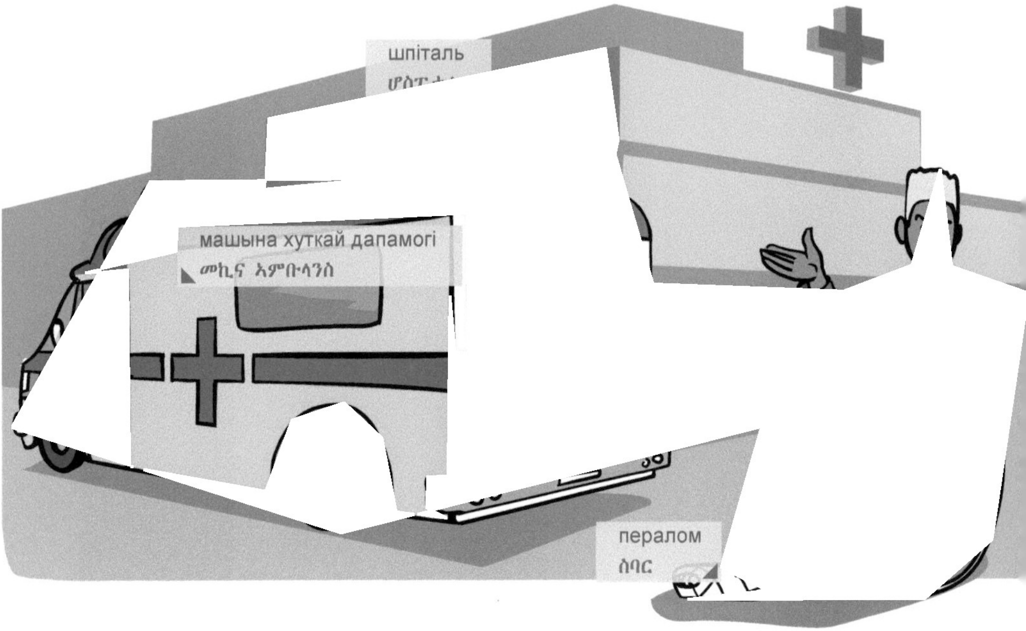

доктар

ሓኪም

аддзяленне першай
дапамогі

ክፍሊ ህጹጽ ረድኤት

медсястра

ኣላይት

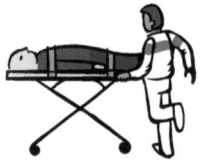

экстраная дапамога

ህጹጽ ኩነት

непрытомны

ውነኡ ዘጥፍአ

боль

ቃንዛ

траўма

ጉድኣት

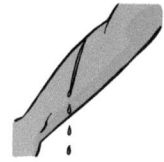

крывацёк

ደም

інфаркт

ማህረምቲ

апаплексія

ማህረምቲ

алергія

ኣለርጂ

кашаль

ሰዓል

гарачка

ረስኒ

грып

ኡንፍልወንዛ

панос

ውጽኣት

галаўны боль

ቃንዛ ርእሲ.

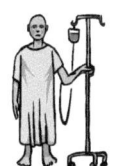

рак

መንሽሮ

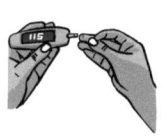

дыябет

ሹኮርያ

хірург

ሓኪም መጥባሕቲ

скальпель

መጥብሒ.

аперацыя

መጥባሕቲ

КТ
CT

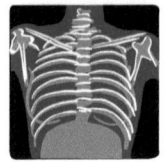

рэнтген
ራ፟ጇ

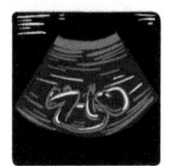

ультрагук
ልዕለ ድምጻዊ

маска
መሸፈኒ ገጽ

хвароба
ሕማም

пачакальня
ክፍሊ ምጽባይ

мыліца
ምርኩስ

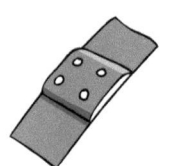

пластыр
መጅነኒ ፋስለ

бінт
መጅነኒ

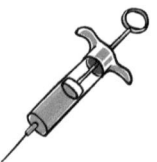

ін'екцыя
መርፍዕ ምውጋእ

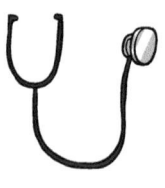

стэтаскоп
ስተቶስኮፕ

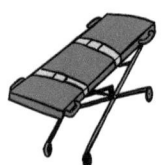

насілкі
መሰከሚ ሕማም

градуснік
ቴርሞመተር

нараджэнне
ትውልዲ

лішняя вага
ልዕለ-ሚዛን

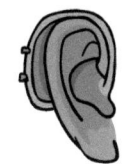

слухавы апарат

ሓገዝ ምስማዕ

дэзінфекцыйны сродак

ኣንጻሒ

інфекцыя

ልበዳ

вірус

ቫይረስ

ВІЧ/СНІД

ኤድስ

лекі

ሕክምና

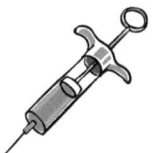

прышчэпка

ክታበ

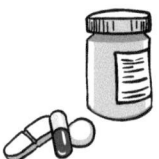

таблеткі

ከኒና

супрацьзачаткавая таблетка

ከኒና

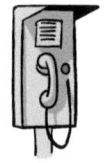

экстраны выклік

ህጹጽ ምድዋል

танометр

መዕቀኒ ጸቕጢ ደም

хворы / здаровы

ሕሙም / ጥዑይ

Ратуйце!

ሓገዝ

сігналізацыя

ኣላርም

напад

ምህጃም

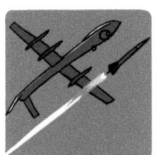

атака

መጥቃዕቲ

небяспека

ድንገት

аварыйны выхад

ህጹጽ መውጽኢ

Пажар!

ሓዊ!

вогнетушыцель

መጥፍኢ ሓዊ

аварыя

ሓደጋ

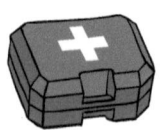

аптэчка

ሳንጣ ቀዳማይ ረድኤት

COC

SOS

паліцыя

ፖሊስ

Eўропа
ኤውሮጳ

Паўночная Амерыка
ሰሜን አመሪካ

Паўднёвая Амерыка
ደቡብ አመሪካ

Афрыка
አፍሪቃ

Азія
ኤስያ

Аўстралія
አውስትራልያ

Атлантычны акіян
አትላንቲክ

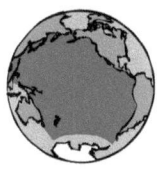

Ціхі акіян
ፓሲፊክ

Індыйскі акіян
ህንዳዊ ዉቅያኖስ

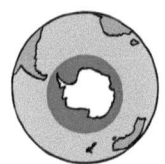

Паўднёвы ледавіты акіян
አንታርቲካዊ ዉቅያኖስ

Паўночны ледавіты акіян
አርክቲካዊ ዉቅያኖስ

Паўночны полюс
ሰሜናዊ ዋልታ

Паўднёвы полюс

ደቡባዊ ዋልታ

Антарктыда

አንታርቲካ

Зямля

ምድሪ

краіна

መሬት

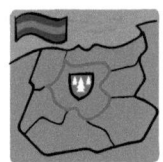

мора

ባሕሪ

востраў

ደሴት

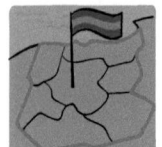

нацыя

ህገር

дзяржава

ዓዲ

цыферблат
ገጽ ሰዓት

гадзінная стрэлка
አመልካቲ ሰዓታት

хвілінная стрэлка
አመልካቲ ደቓይቕ

секундная стрэлка
አመልካቲ ካልኢት

Колькі часу?
ሰዓት ክንደይ አሎ?

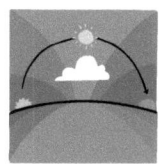

дзень
መዓልቲ

час
ግዜ

зараз
ሕጂ

электронны гадзіннік
ዲጊታል ሰዓት

хвіліна
ደቒቕ

гадзіна
ሰዓት

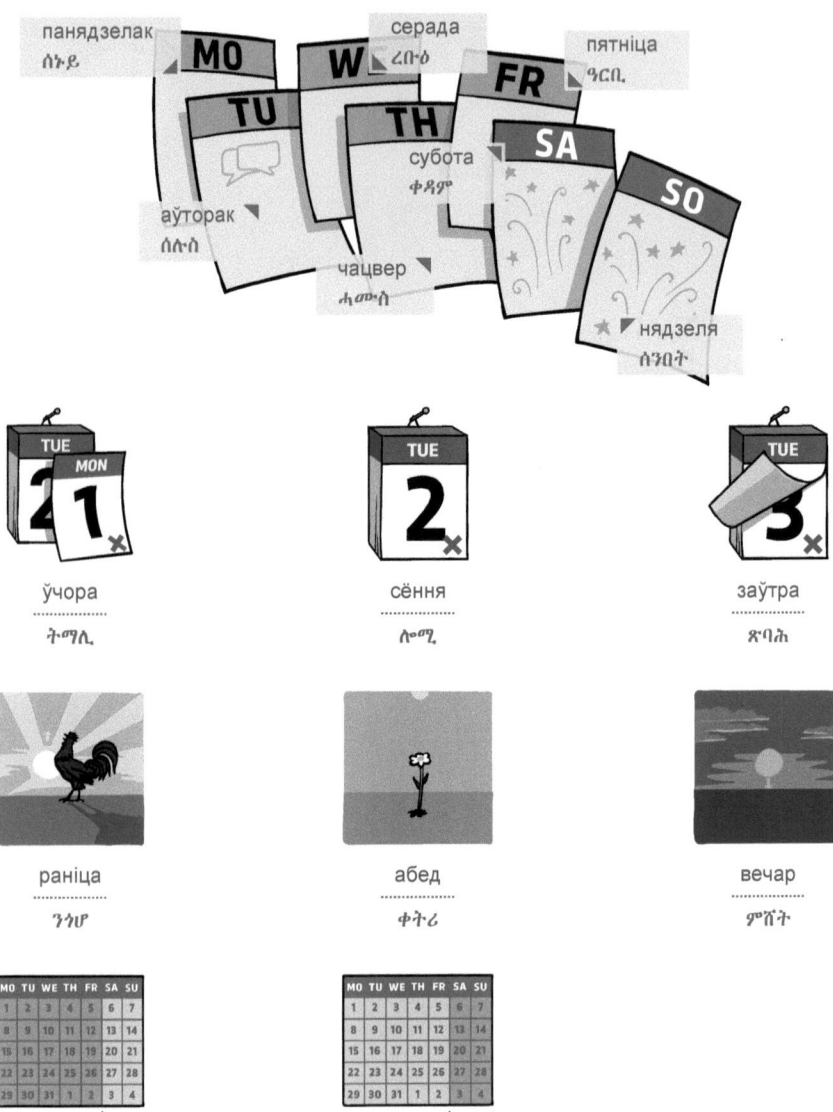

панядзелак
ሰኑይ

MO

серада
ረቡዕ

W

пятніца
ዓርቢ

FR

TU

TH

аўторак
ሰሉስ

субота
ቀዳም

SA

SO

чацвер
ሓሙስ

нядзеля
ሰንበት

ўчора
ትማሊ

сёння
ሎሚ

заўтра
ጽባሕ

раніца
ንጎሆ

абед
ቀትሪ

вечар
ምሸት

працоўныя дні
መዓልታት ስራሕ

выхадныя
መዋዕታ ሰሙን

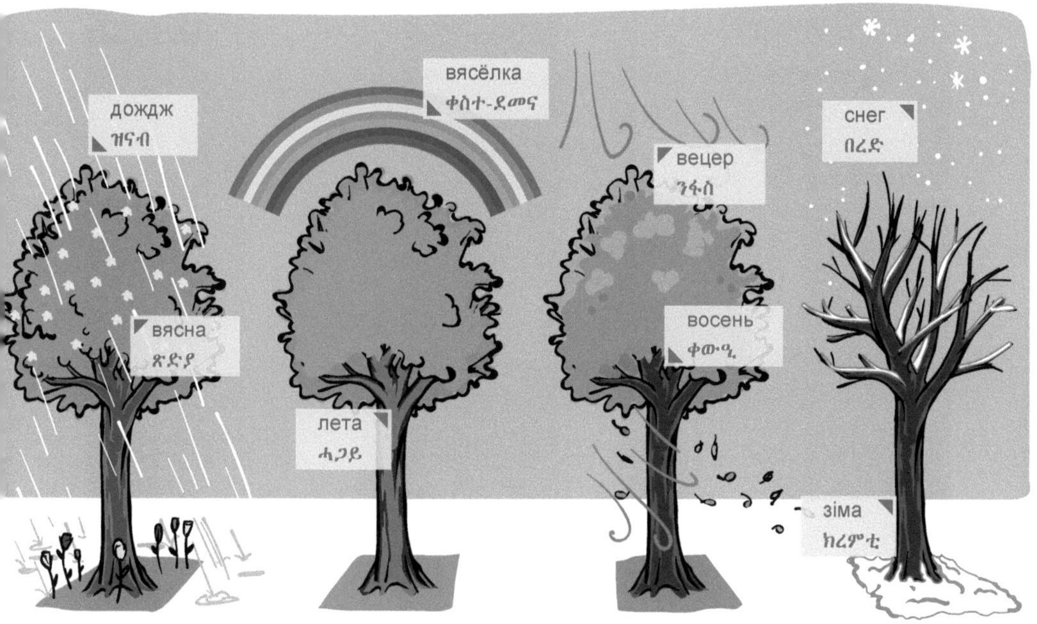

дождж
ዝናብ

вясёлка
ቀስተ-ደመና

вецер
ንፋስ

снег
በረድ

вясна
ጸደይ

лета
ሓጋይ

восень
ቀውዒ

зіма
ክረምቲ

4.APRIL	11°	☀
5.APRIL	4°	🌧
6.APRIL	13°	☁
7.APRIL	8°	❄
8.APRIL	10°	☀

прагноз надвор'я

ትንቢት ኩነታት ኣየር

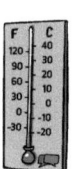

градуснік

ቴርሞመተር

сонечнае святло

ብርሃን ጸሓይ

воблака

ደበና

туман

ግመ

вільготнасць паветра

ጠሊ

маланка

ብርቂ

гром

ነጕዳ

бура

ህቦብላ

град

በረድ

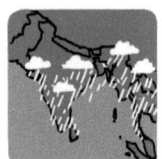

мусонны вецер

ብርቶዕ ህቦብላ

прыліў

ውሕጅ

лёд

በረድ

студзень

ጥሪ

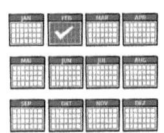

люты

ለካቲት

сакавік

መጋቢት

красавік

ሚያዝያ

май

ጉንбот

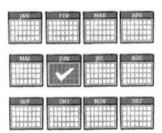

чэрвень

ሰነ

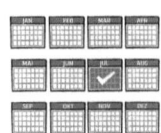

ліпень

ሓምለ

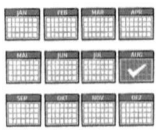

жнівень

ነሓሰ

год - ዓመት

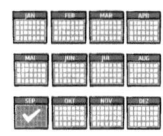

верасень
....
መስከረም

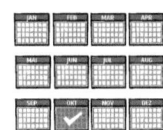

кастрычнік
....
ጥቅምቲ

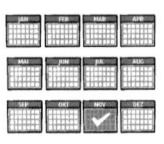

лістапад
....
ሕዳር

снежань
....
ታሕሳስ

круг
....
ዙርያ

квадрат
....
ትርብዒት

прамавугольнік
....
ቅኑዕ ርቡዕ ኵርናዕ

трохвугольнік
....
ስሉስ ኵርናዕ

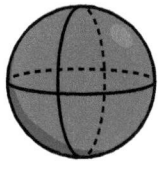

шар
....
ኳቢ

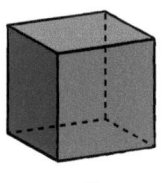

куб
....
ኩቦ

белы

ጻዕዳ

жоўты

ብጫ

аранжавы

ኣራ'ንሽ

ружовы

ፒንክ

чырвоны

ቀይሕ

фіялетавы

ጁኸ

сіні

ሰማያዊ

зялёны

ቀጠልያ

карычневы

ቡናዊ

шэры

ሓሙ'ኽሽታይ

чорны

ጸሊም

шмат / мала

ብዙሕ / ውሑድ

злы / добры

ሕሩቅ / ሰላማዊ

прыгожы / брыдкі

ጽቡቅ / ክፉእ

пачатак / канец

መጀመርያ / መወዳእታ

высокі / малы

ዓቢ / ንእሽቶ

светлы / цёмны

ብሩህ / ጸልማት

сястра / брат

ሓው / ሓፍት

чысты / брудны

ጽሩይ / ርሳሕ

поўны / няпоўны

ምሉእ / ዘይምሉእ

дзень / ноч

መዓልቲ / ለይቲ

мёртвы / жывы

ሙዉት / ህልው

шырокі / вузкі

ሰፊሕ / ጸቢብ

ядомы / неядомы

ደስ ዘበል / ደስ ዘይብል

злы / добры

እኩይ / ህያዋይ

узбуджаны / нудны

ርቡጽ / ስልኩይ

тоўсты / тонкі

ረጊድ / ቀጢን

першы / апошні

ቀዳማይ / ናይ መወዳእታ

сябар / вораг

ዓርኪ / ጸላኢ.

поўны / пусты

ምሉእ / ባዶ

цвёрды / мяккі

ተሪር / ልስሉስ

важкі / лёгкі

ከቢድ / ፈኵስ

голад / смага

ጥምየት / ጽምየት

хворы / здаровы

ሕሙም / ጥዑይ

нелегальны / легальны

ዘይሕጋዊ / ሕጋዊ

разумны / дурны

መስተውዓሊ / ስዲ

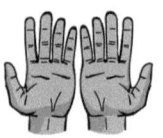

левы / правы

ጸጋም / የማን

побач / далёка

ቐረባ / ርሑቕ

новы / былы ва ўжыванні

ሓዲሽ / ብሉይ

нічога / нешта

ዋላ ሓደ / ገለ

стары / малады

ዓቢ/ኣረጊት / መንእሰይ

укл / выкл

ወልዕ / ኣጥፍእ

адчынены / зачынены

ክፉት / ዕጹው

ціхі / гучны

ህዱእ / ዓው

багаты / бедны

ሃብታም / ድኻ

правільна / няправільна

ቅኑዕ / ግጉይ

шурпаты / гладкі

ሓርፋፍ / ልሙጽ

сумны / шчаслівы

ጉሁይ / ሕጉስ

кароткі / доўгі

ሓጺር / ነዊሕ

павольны / хуткі

ቀስ / ቅልጡፍ

вільготны / сухі

ጥሉል / ንቑጽ

цёплы / халаднаваты

ምዉቕ / ዝሑል

вайна / мір

ውግእ / ሰላም

0
нуль

ዜሮ

1
адзін

ሓደ

2
два

ክልተ

3
тры

ሰለስተ

4
чатыры

ኣርባዕተ

5
пяць

ሓሙሽተ

6
шэсць

ሽዱሽተ

7
сем

ሸውዓተ

8
восем

ሸሞንተ

9
дзевяць

ትሽዓተ

10
дзесяць

ዓሰርተ

11
адзінаццаць

ዓሰርተ ሓደ

12
дванаццаць
....
ዓሰርተ ክልተ

13
трынаццаць
....
ዓሰርተ ሰለስተ

14
чатырнаццаць
....
ዓሰርተ አርባዕተ

15
пятнаццаць
....
ዓሰርተ ሓሙሽተ

16
шаснаццаць
....
ዓሰርተ ሽዱሽተ

17
сямнаццаць
....
ዓሰርተ ሸውዓተ

18
васямнаццаць
....
ዓሰርተ ሸሞንተ

19
дзевятнаццаць
....
ዓሰርተ ትሽዓተ

20
дваццаць
....
ዕስራ

100
сто
....
ሚእቲ

1.000
тысяча
....
ሽሕ

1.000.000
мільён
....
ሚልዮን

англійская

እንግሊዝኛ

англійская (Амерыка)

አመሪካዊ እንግሊዛዊ

кітайская мандарынская

ቻይናዊ ማንዳሪን

хіндзі

ሂንዳዊ

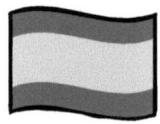

іспанская

እስጳኛዊ

французская

ፈረንሳዊ

арабская

ዓረባዊ

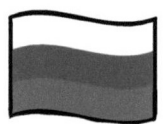

руская

ሩሲያዊ

партугальская

ፖርቱጋላዊ

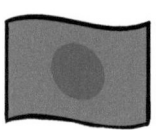

бенгальская

በንጋሊ

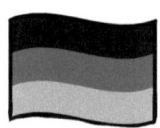

нямецкая

ጀርመናዊ

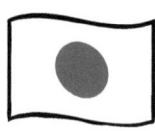

японская

ጃፓናዊ

я

አነ

ты

ንስኻ/ኺ

♂ ♀ ◯

ён / яна / яно

ንሱ / ንሳ / ንሱ

мы

ንሕና

вы

ንስኻ

яны

ንሳቶም

хто?

መን?

што?

እንታይ?

як?

ከመይ?

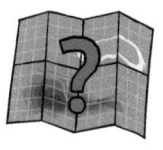

дзе?

ኣበይ?

калі?

መዓስ?

HELLO, I AM

імя

ሽም

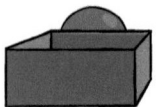

за

ድሕሪ

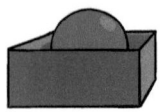

у

ኣብ

перад

ኣብ ቅድሚ

над

ኣብ ላዕሊ

на

ኣብ ልዕሊ

пад

ትሕቲ ምድሪ

каля

ኣብ ጥቓ

паміж

ኣብ መንጎ

месца

በታ